Manuel Nothacker

Die Formelsammlung

Kauffrau / Kaufmann für Büromanagement
Bürokauffrau / Bürokaufmann
Kauffrau / Kaufmann für Bürokommunikation

Manuel Nothacker ist erfolgreicher Lerncoach für betriebswirtschaftliche Fächer. Er ist in Unternehmen, Schulen und Weiterbildungsinstituten tätig. In Theorie und Praxis beschäftigt er sich mit Methoden des einfachen und schnellen Lernens.

Manuel Nothacker

Die Formelsammlung

Kauffrau / Kaufmann für Büromanagement
Bürokauffrau / Bürokaufmann
Kauffrau / Kaufmann für Bürokommunikation

Bibliografische Informationen der Deutschen Nationalbibliothek:
Die Deutsche Nationalbibliothek verzeichnet diese Publikation in der Deutschen Nationalbibliografie; detaillierte bibliographische Daten sind im Internet über http://dnb.d-nb.de abrufbar.

© 2016 Manuel Nothacker Umschlaggestaltung: Nan, Fernández
Herstellung und Verlag: BoD - Books on Demand, Norderstedt
ISBN: 9783738649901

Inhaltsverzeichnis

Kaufmännisches Rechnen 7

Währungsrechnen 11

Allgemein 12

Kalkulation 12

KER / Break-Even-Point / Deckungsbeitragsrechnung 18

Plankostenrechnung 20

Prozesskostenrechnung 21

Abschreibung 22

Produktion 23

Lager 26

Personal 29

Bilanzkennzahlen und Jahresabschlusskennzahlen. 32

Absatz und Marketing 35

Finanzierung und Investition 37

Bilanzaufbau und Buchungen 39

Volkswirtschaftslehre bzw. Allgemeine Wirtschaftslehre 42

Kaufmännisches Rechnen

Einfacher Dreisatz (Je mehr A, desto mehr B)

1. a Einheiten von A entsprechen b Einheiten von B
   [Rechnung→A÷a; B÷a]

2. Einer Einheit von A entsprechen b÷a Einheiten von B
   [Rechnung→A*c; B*c]

3. c Einheiten von A entsprechen also b÷a*c Einheiten von B

Beispiel Einfacher Dreisatz

[Aufgabe: „5 Döner kosten 20,- €, wieviel kosten dann 7 Döner?]

Rechnung A	Einheiten A		Einheiten B	Rechnung B
	5 Döner	≙	20,00 €	
÷ 5				÷ 5
	1 Döner	≙	4,00 €	
* 7				* 7
	7 Döner	≙	28,00 €	

[Gesamtrechnung: 20,00 € ÷ 5 * 7 = 28,00 €]

Umgekehrter Dreisatz (Je weniger A, desto mehr B)

1. a Einheiten von A entsprechen b Einheiten von B
   [Rechnung→ A÷a; B*a]

2. Einer Einheit von A entsprechen b÷a Einheiten von B
   [Rechnung→ A*c; B÷c]

3. c Einheiten von A entsprechen also b*a ÷c Einheiten von B

Beispiel Umgekehrter Dreisatz

[Aufgabe: „5 Arbeiter brauchen 10 Stunden, wie lange brauchen dann 4 Arbeiter?]

Rechnung A	Einheiten A		Einheiten B	Rechnung B
	5 Arbeiter	≙	10 Stunden	
÷ 5				* 5
	1 Arbeiter	≙	50 Stunden	
* 4				÷ 4
	4 Arbeiter	≙	12,5 Stunden	

[Gesamtrechnung: 10 Stunden * 5 ÷ 4 = 12,5 Stunden]

Die Formelsammlung

Prozentrechnen Grundlagen

1%	$= \frac{1}{100}$	$= 0,01$
100%	$= \frac{100}{100}$	$= 1$
75%	$= \frac{75}{100}$	$= 0,75$
x%	$= \frac{x}{100}$	

[Abkürzungen: Grundwert = G; Prozentwert = P; Prozentsatz = p]

Prozentrechnen von hundert [100%]

Grundwert $= \frac{Prozentwert}{Prozentsatz}$ bzw. $G = \frac{P}{p}$

Prozentsatz $= \frac{Prozentwert}{Grundwert}$ bzw. $p = \frac{P}{G}$

Prozentwert $= Grundwert * Prozentsatz$ bzw. $P = G * p$

Prozentrechnen Beispiele

[Aufgabe Prozentsatz: *Wieviel Prozent sind 5 Euro von 20 Euro?*]
Prozentsatz $= \frac{5}{20} = \frac{1}{4} = \frac{25}{100} = 25\%$

[Aufgabe Grundwert: *Von welchem Betrag sind 5 Euro 10 Prozent?*]
Grundwert $= \frac{5}{10\%} = \frac{5}{\frac{10}{100}} = \frac{5*100}{10} = \frac{500}{10} = 50,- €$

[Aufgabe Prozentwert: *Wieviel Minuten sind 40 Prozent von 120 Minuten?*]
Prozentwert $= 120 * 40\% = \frac{40*120}{100} = \frac{4.800}{100} = 48 \, Minuten$

Prozentrechnen auf hundert [100 % + p]

Grundwert = G = $\dfrac{(G+P)*100}{100+p}$

Prozentsatz = p = $\dfrac{P*100}{G}$ *[Zuerst G oder P berechnen]*

Prozentwert = P = $\dfrac{(G+P)*p}{100+p}$

Prozentrechnen in hundert [100 % - p]

Grundwert = G = $\dfrac{(G-P)*100}{100-p}$

Prozentsatz = p = $\dfrac{P*100}{G}$ *[Zuerst G oder P berechnen]*

Prozentwert = P = $\dfrac{(G-P)*p}{100-p}$

Zinsrechnen

$$\text{Zinsen} = \frac{\text{Kapital} * \text{Zinssatz} * \text{Tage}}{100 * 360}$$

Der Monat ist mit 30 Tagen, das Jahr ist mit 360 Tagen anzusetzen (kaufmännische Zinsmethode).
Endet der Zeitraum „Ende Februar", so werden die Tage genau gerechnet, d.h. es werden 28 bzw. 29. Tage angesetzt. Bei der Berechnung wird der 1. Tag nicht mitgezählt. Der letzte Tag zählt aber mit.

$$\text{Zinssatz} = \frac{\text{Zinsen} * 100 * 360}{\text{Kapital} * \text{Tage}}$$

$$\text{Kapital} = \frac{\text{Zinsen} * 100 * 360}{\text{Zinssatz} * \text{Tage}}$$

$$\text{Anlagedauer (Tage)} = \frac{\text{Zinsen} * 100 * 360}{\text{Zinssatz} * \text{Kapital}}$$

$$\text{Zinsen (Monate)} = \frac{\text{Kapital} * \text{Zinssatz} * \text{Monate}}{100 * 12}$$

Währungsrechnen

Fremdwährung → Euro

$$\text{Betrag in Euro} = \frac{\text{Betrag in Fremdwährung}}{\text{Kurs Fremdwährung}}$$

Euro → Fremdwährung

Betrag in Fremdwährung = Betrag in Euro * Kurs Fremdwährung

Allgemein

Wirtschaftlichkeit $= \dfrac{\text{Ertrag}}{\text{Aufwand}}$ oder $\dfrac{\text{Leistungen}}{\text{Kosten}}$

Produktivität $= \dfrac{\text{Fixkosten (Kf)}}{\text{Preis (p)} - \text{variable Kosten (kv)}}$

Rentabilität $= \dfrac{\text{Gewinn}}{\text{eingesetztes Kapital}}$

Kalkulation

Materialgemeinkostenzuschlagssatz

$$= \dfrac{\text{Materialgemeinkosten (MGK)}}{\text{Fertigungsmaterial}} * 100$$

Fertigungsgemeinkostenzuschlagssatz

$$= \dfrac{\text{Fertigungsgemeinkosten (FGK)}}{\text{Fertigungslöhne}} * 100$$

Verwaltungsgemeinkostenzuschlagssatz

$$= \dfrac{\text{Verwaltungsgemeinkosten (VwGK)}}{\text{Herstellkosten des Umsatzes}} * 100$$

Vertriebsgemeinkostenzuschlagssatz

$$= \dfrac{\text{Vertriebsgemeinkosten (VtGK)}}{\text{Herstellkosten des Umsatzes}} * 100$$

Die Formelsammlung

Zuschlagskalkulation (Kostenträgerstückrechnung)

	Fertigungsmaterial
+	Materialgemeinkosten [Basis Fertigungsmaterial]
=	Materialkosten

	Fertigungslöhne
+	Fertigungsgemeinkosten [Basis Fertigungslöhne]
+	Sondereinzelkosten der Fertigung
=	Fertigungskosten

	Herstellkosten (Materialkosten + Fertigungskosten)
+	Verwaltungsgemeinkosten [Basis Herstellkosten]
+	Vertriebsgemeinkosten [Basis Herstellkosten]
+	Sondereinzelkosten des Vertriebs
=	Selbstkosten
+	Gewinn [Basis Selbstkosten]
=	Barverkaufspreis
+	Kundenskonto [Basis Zielverkaufspreis]
+	Vertreterprovision [Basis Zielverkaufspreis]
=	Zielverkaufspreis
+	Kundenrabatt [Basis Angebotspreis]
=	Angebotspreis bzw. Listenverkaufspreis netto

Handelskalkulation (Stück)

	Listeneinkaufspreis netto
−	Liefererrabatt [Basis Listeneinkaufspreis]
=	Zieleinkaufspreis
−	Liefererskonto [Basis Zieleinkaufspreis]
=	Bareinkaufspreis
+	Bezugskosten
=	Bezugspreis bzw. Einstandspreis
+	Handlungskosten [Basis Bezugspreis oder als €-Betrag]
=	Selbstkostenpreis
+	Gewinn [Basis Selbstkostenpreis]
=	Barverkaufspreis
+	Kundenskonto [Basis Zielverkaufspreis]
+	Vertreterprovision [Basis Zielverkaufspreis]
=	Zielverkaufspreis (Ziel VKP)
+	Kundenrabatt [Basis Angebotspreis]
=	Angebotspreis bzw. Listenverkaufspreis netto

Die Formelsammlung

Kostenträgerzeitrechnung

```
  Fertigungsmaterial
+ Materialgemeinkosten
+ Fertigungslöhne
+ Fertigungsgemeinkosten
+ Sondereinzelkosten der Fertigung
= Herstellkosten der Erzeugung
- Bestandsmehrungen an fertigen und unfertigen
  Erzeugnissen
+ Bestandsminderung an fertigen und unfertigen
  Erzeugnissen
= Herstellkosten des Umsatzes
+ Verwaltungsgemeinkosten
+ Vertriebsgemeinkosten
+ Sondereinzelkosten des Vertriebs
= Selbstkosten des Umsatzes
```

Betriebsergebnis

Umsatzergebnis + Kostenüberdeckung

bzw.

Umsatzergebnis − Kostenunterdeckung

Kostenüberdeckung, wenn Normalgemeinkosten > Istgemeinkosten

Kostenunterdeckung, wenn Normalgemeinkosten < Istgemeinkosten

Maschinenstundensatz

$$= \frac{\text{maschinenabhängige Fertigungsgemeinkosten pro Jahr}}{\text{Maschinenlaufstunden pro Jahr}}$$

Büromanagement

Maschinenabhängige Fertigungsgemeinkosten pro Jahr

Kosten	Ermittlung
Kalkulatorische Abschreibung (Kalk. AfA)	$\dfrac{\text{Wiederbeschaffungswert}}{\text{Nutzungsdauer}}$
Kalkulatorische Zinsen	$\dfrac{\text{Anschaffungswert} * \text{Zinssatz}}{2 * 100}$
Instandhaltungs-kosten	Meist als Festbetrag gegeben, sonst: $\dfrac{\text{Anschaffungswert} * \text{Instandhaltungssatz}}{2 * 100}$
Raumkosten	Meist: Raumbedarf * Verrechnungssatz/qm/Monat * 12 Monate
Energiekosten	Energieverbrauch/Stunde * EUR/kwh * Laufleistung p.a. + Grundgebühr
Werkzeugkosten	Meist als Festbetrag gegeben

Kostenträgerstückrechnung mit Maschinenstundensatz

```
  Fertigungsmaterial
+ Materialgemeinkosten
+ Fertigungslöhne
+ Restfertigungsgemeinkosten (Basis Fertigungslöhne)
+ Maschinenkosten (Maschstdsatz * Laufzeit Produkt)
+ Sondereinzelkosten der Fertigung
= Herstellkosten
```
[ab hier weiter wie bisher]

Restgemeinkostenzuschlagssatz $= \dfrac{\text{Restgemeinkosten}}{\text{Fertigungslöhne}} * 100$

Die Formelsammlung

Divisionskalkulation einfach

$$\text{Selbstkosten/Stück} = \frac{\text{Gesamtkosten}}{\text{Produktionsmenge}}$$

Divisionskalkulation mehrfach

$$\text{Selbstkosten/Stück} = \frac{\text{Herstellkosten}}{\text{Produktionsmenge}} + \frac{\text{Vertriebskosten}}{\text{Absatzmenge}}$$

VwGK werden je nach Aufgabenstellung entweder den Vertriebs- oder den Herstellkosten oder anteilig beiden Kostenbereichen zugerechnet.

Divisionskalkulation mit Äquivalenzziffern (ÄZ)

Recheneinheit = Hergestellte Menge * ÄZ

Kosten pro Recheneinheit = Gesamtkosten : Summe
(=Kosten ÄZ1) Recheneinheiten

Kosten pro Stück = ÄZ der Sorte * Kosten pro Recheneinheit

Kosten pro Sorte = Hergestellte Menge * Kosten pro Stück

Produkt	Menge	Äquivalenz-ziffer	Verrechnungs-einheit	Kosten pro Stück	Gesamtkosten
A					
B					
C					
Summe					

KER / Break-Even-Point / Deckungsbeitragsrechnung

Deckungsbeitrag / Stück

= Verkaufspreis (p) − variable Stückkosten (kv)   (=absoluter db)

Deckungsbeitrag / Periode

= Verkaufserlöse (E) − variable Kosten (Kv)   (=absoluter DB)

Gewinnschwelle bzw. Break-Even-Point $= \dfrac{\text{Fixe Kosten (Kf)}}{\text{Stückdeckungsbeitrag (db)}}$

oder

Gewinnschwelle bzw. Break-Even-Point bei Umsatz = Kosten

Betriebsergebnis = Summe der Deckungsbeiträge − fixe Kosten

oder

Betriebsergebnis = Umsatz − Gesamtkosten

Kosten = variable Stückkosten ∗ Stückzahl + Gesamte Fixkosten

Umsatz = Stückpreis ∗ verkaufte Stückzahl

Beschäftigungsgrad $= \dfrac{\text{Produktionsmenge}}{\text{Kapazität}} * 100$

Die Formelsammlung

Preisuntergrenze

Kurzfristige Preisuntergrenze = variable Kosten

Langfristige Preisuntergrenze

$= \frac{\text{Gesamtkosten (Kf)}}{\text{Stückzahl (x)}}$ = Selbstkosten

Mehrstufige Deckungsbeitragsrechnung

Deckungsbeitrag I

= Nettoverkaufserlöse − variable Kosten

Deckungsbeitrag II

= Deckungsbeitrag I − erzeugnisfixe Kosten

Deckungsbeitrag III

= Deckungsbeitrag II − erzeugnisgruppenfixe Kosten

Betriebsergebnis

= Deckungsbeitrag III − unternehmensfixe Kosten

Relativer db

= Stückdeckungsbeitrag (db)/Engpasszeit je Stück

Plankostenrechnung

Variator (Plankostenrechnung)

$$= \frac{\text{proportionale Plankosten}}{\text{gesamte Plankosten}}$$

Plankostenverrechnungssätze

$$= \frac{\text{Summe der Plankosten}}{\text{Planbeschäftigung (jeweilige Bezugsgröße)}}$$

Verrechnete (kalk.) Plankosten

$= \text{Istbeschäftigung} * \text{Plankostenverrechnungssatz}$

Sollkosten (K_S)

$$= \text{fixe Kosten (Kf)}$$
$$+ \frac{\text{proportionale Kosten (Kprop)} * \text{Istbeschäftigung}}{\text{Planbeschäftigung}}$$

Beschäftigungsabweichung

$= \text{verrechnete Plankosten} - \text{Sollkosten}$

Verbrauchsabweichung

$= \text{Sollkosten} - \text{Istkosten}$

Gesamtabweichung

$= \text{verrechnete Plankosten} - \text{Istkosten}$

Prozesskostenrechnung

Prozesskostensatz (leistungsmengeninduziert)

$$= \frac{\text{Imi} - \text{Prozesskosten je Periode}}{\text{Kostentreibersumme/Periode}}$$

Prozesskostensatz (leistungsmengenneutral)

$$= \frac{\text{Summe aller Imi} - \text{Prozesskosten}}{\text{Summe Imi} - \text{Prozesskosten}} * 100$$

Imn-Prozesskostensatz (Umlagesatz)

$$= \text{Imi} - \text{Prozesskostensatz} * \text{Imn} - \text{Zuschlagssatz}$$

oder

$$= \frac{\text{Imn Prozesskosten} * \text{Imi} - \text{Prozesskostensatz}}{\text{Summe Imi} - \text{Prozesskosten}}$$

Beschäftigungsgrad $= \frac{\text{Produktionsmenge}}{\text{Kapazität}} * 100$

Abschreibung

AfA-Satz linear (in %) $= \dfrac{100}{\text{Nutzungsdauer}}$

AfA-Betrag linear $= \dfrac{\text{Anschaffungskosten}}{\text{Nutzungsdauer}}$

AfA-Satz degressiv (in%) $= \dfrac{\text{Buchwert} * \text{AfA} - \text{Satz}}{100}$

AfA-Betrag degressiv $= \text{Buchwert} * \text{AfA} - \text{Satz}\,(\%)$

Optimaler Wechselzeitpunkt $= \text{ND} - 100/\text{degr.AFA}$

Leistungsabschreibung $= \dfrac{\text{Anschaffungswert} * \text{Istleistung}}{\text{Sollkapazität}}$

Die Formelsammlung

Produktion

Optimale Losgröße

$$\sqrt{\frac{200 * \text{Jahresbedarf} * \text{Rüstkosten}}{\text{Herstellkosten/Stück} * \text{Lagerkostensatz}}}$$

oder

$$\sqrt{\frac{2 * \text{Jahresbedarf} * \text{Rüstkosten}}{\text{Lagerhaltungskosten}}}$$

Arbeitsproduktivität (A) $= \frac{\text{Ausbringungsmenge}}{\text{Zahl der Mitarbeiter}}$

Arbeitsproduktivität (B) $= \frac{\text{Ausbringungsmenge}}{\text{Arbeitsstunden}}$

Kapitalproduktivität $= \frac{\text{Ausbringungsmenge}}{\text{eingesetztes Kapital}}$

Materialproduktivität (Ausbeute) $= \frac{\text{Ausbringungsmenge}}{\text{eingesetzte Rohstoffmenge}}$

Netzplan

Frühestes Ende (vorwärts)

$FEZ = FAZ + Dauer$

Spätester Anfang (rückwärts)

$SAZ = SEZ - Dauer$

Gesamtpuffer

$GP = SAZ - Minimum\ (Nachfolger) - FEZ$

Freier Puffer

$FP = FAZ - Minimum\ (Nachfolger) - FEZ$

Netzplan Beispielskizze

Kante Schleifen *[Vorgangsbezeichnung]*		
Nr. 12 *[Vorgangsnummer]*		
17 *[FAZ]*	**15** *[Dauer]*	**32** *[FEZ]*
25 *[SAZ]*	**8** *[Puffer]*	**40** *[SEZ]*

FAZ = Früheste Anfangszeit
FEZ = Früheste Endzeit
SAZ = Späteste Anfangszeit
SEZ = Späteste Endzeit

Die Formelsammlung

Vorgabezeit = Rüstzeit + Ausführungszeit

Rüstzeit (stückzahlunabhängig)

Rüstgrundzeit + Rüsterholungszeit + Rüstverteilzeit

Ausführungszeit (stückzahlabhängig)

Grundzeit + Erholungszeit + Verteilzeit

Durchlaufzeit

Belegungszeit (Bearbeitungsz. +Rüstz.)
+ Übergangszeit (Transportz. +Prüfz. +Liegez.)

oder

Veränderungszeit + Prüfzeit + Liegezeit

Veränderungszeit

Einwirkzeit (Rüstzeit + Ausführungszeit + Transportzeit)

Kritische Menge (Eigenfertigung − Fremdbezug)

$$= \frac{Kf\ (Eigenfertigung) - Kf\ (Fremdbezug)}{Kv\ (Fremdbezug) - Kv\ (Eigenfertigung)}$$

Lager

Ø Lagerbestand (LB)

$$\frac{\text{Jahresanfangsbestand} + 12 \text{ Monatsendbestände}}{13}$$

oder

$$\frac{\text{Anfangsbestand} + \text{Endbestand}}{2}$$

Ø Lagerdauer $= \dfrac{360}{\text{Umschlagshäufigkeit}}$

Lagerumschlagshäufigkeit (A) $= \dfrac{\text{Verbrauch pro Jahr}}{\text{Ø Lagerbestand}}$

Lagerumschlagshäufigkeit (B) $= \dfrac{360}{\text{Ø Lagerdauer}}$

Lagerreichweite $= \dfrac{\text{Ø Lagerbestand (Periode)}}{\text{Verbrauch (Periode)}}$

Lagerhaltungskostensatz $=$ Lagerkostensatz + Lagerzinssatz

Lagerkostensatz $= \dfrac{\text{Lagerkosten p.a.(ohne Zinsen)}}{\text{Ø Lagerbestand}}$

Lagerzinssatz (A) $= \dfrac{\text{Marktzinssatz}}{\text{Umschlagshäufigkeit}}$

Lagerzinssatz (B) $= \dfrac{\text{Marktzinssatz} * \text{Ø Lagerdauer}}{360}$

Lagerzinsen (A) $= \dfrac{\text{Wert des Ø Lagerbestands} * \text{Lagerzinssatz}}{100}$

Lagerzinsen (B) $= \dfrac{\text{Ø LB} * \text{Marktzinssatz} * \text{Ø Lagerdauer}}{100 * 360}$

Meldebestand $=$ Lieferzeit $*$ täglicher Verbrauch $+$ Mindestbestand

Die Formelsammlung

Mindestbestand (Sicherheitsbestand) = Ø Verbrauch * Beschaffungsdauer

Höchstbestand = Ø Verbrauch * Beschaffungsdauer + Mindestbestand

Zinsen $= \dfrac{\text{Kapital} * \text{Zinssatz} * \text{Tage}}{100 * 360}$

Der Monat ist mit 30 Tagen, das Jahr ist mit 360 Tagen anzusetzen (kaufmännische Zinsmethode).

Endet der Zeitraum „Ende Februar", so werden die Tage genau gerechnet, d.h. es werden 28 bzw. 29. Tage angesetzt. Bei der Berechnung wird der 1. Tag nicht mitgezählt. Der letzte Tag zählt aber mit.

Bruttobedarf (A)

= Primärbedarf + Sekundärbedarf + Tertiärbedarf

Bruttobedarf (B) = periodenbezogener Bedarf an Materialien

Disponierbarer Bestand

= Bestellbestand + verfügbarer Lagerbestand

Verfügbarer Lagerbestand

= effektiver Lagerbestand − Reservierungen − Sicherheitsbestand

Nettobedarf(A) = Bruttobedarf + Zusatzbedarf − verfügbare (disponierbare) Bestände

Nettobedarf (B) = Bruttobedarf − Lagerbestand − Bestellbestand + Vormerkbestand − Werkstattbestand

Optimale Bestellmenge

$$\sqrt{\frac{200 * \text{Jahresbedarf} * \text{fixe Bestellkosten}}{\text{Einstandspreis} * \text{Lagerkostensatz}}}$$

oder

$$\sqrt{\frac{2 * \text{Jahresbedarf} * \text{fixe Bestellkosten}}{\text{Lagerhaltungskosten}}}$$

Zeitprozentsatz (Effektivverzinsung)

$$= \frac{z * 360}{t}$$

oder

$$= \frac{\text{Belastung} * 100 * 360}{\text{Kapital} * \text{Tage}}$$

Optimale Bestellhäufigkeit

$$\sqrt{\frac{\text{Lagerhaltungskostensatz} * \text{Jahresbedarf} * \text{Einstandspreis pro Stück}}{200 * \text{fixe Bestellkosten}}}$$

Personal

Bruttopersonalbedarf (Kennzahlenmethode)

$$= \frac{\text{monatliche Arbeitsmenge} * \frac{\text{Arbeitszeit}}{\text{Stück}} * \text{Verteilzeitfaktor}}{\text{Ø monatliche Arbeitszeit}}$$

Nettopersonalbedarf

```
   geplanter Stellenbestand
-  aktueller Stellenbestand (Istbestand)
=  Bruttobedarf (Planstellen)
+  Ersatzbedarf
-  Zu erwartende Zugänge
=  Nettobedarf
```

Arbeitsproduktivität (Leistung je Mitarbeiter)

$$= \frac{\text{Umsatz}}{\text{Ø Mitarbeiterzahl}}$$

Arbeitsmengenproduktivität

$$= \frac{\text{Stückzahl Erzeugnisse}}{\text{Gesamtzahl Mitarbeiter}}$$

Lohn-/Gehaltsquote

$$= \frac{\text{Löhne bzw. Gehälter} + \text{Sozialabgaben}}{\text{Gesamtkosten}} * 100$$

oder

$$= \frac{\text{Löhne bzw. Gehälter}}{\text{Umsatz}} * 100$$

Fehlzeitenquote $= \frac{\text{Fehlzeiten}}{\text{Sollzeit}} * 100$

Fluktuationsquote $= \frac{\text{Personalabgänge}}{\text{Ø Personalbestand}} * 100$

Krankheitsquote $= \frac{\text{Krankheitsstunden}}{\text{Sollarbeitsstunden}} * 100$

Überstundenquote (A) $= \frac{\text{Überstunden}}{\text{Istarbeitsstunden}} * 100$

Überstundenquote (B) $= \frac{\text{Überstunden}}{\text{Sollarbeitsstunden}} * 100$

Personalkostenintensität $= \frac{\text{Personalkosten}}{\text{Umsatz}} * 100$

Leistungsgrad in % $= \frac{\text{Istleistung}}{\text{Normalleistung}} * 100$

Zeitgrad in % $= \frac{\text{Sollarbeitszeit}}{\text{Istarbeitszeit}} * 100$

Sollzeit $= \frac{\text{beobachteter Leistungsgrad (\%)} * \text{Istzeit}}{\text{Normalleistung (\%)}}$

Zeitlohn (Bruttoverdienst)

$= \text{Lohnsatz pro Zeiteinheit} * \text{Anzahl der Zeiteinheiten}$

Akkordrichtsatz $=$ tariflicher Mindestlohn $+$ Akkordzuschlag (in % vom Mindestlohn)

Stücklohnsatz = $\frac{\text{Grundlohn (Akkordrichtsatz)}}{\text{Normalleistung je Stunde}}$

Geldakkord = Menge ∗ Stücklohnsatz

Vorgabezeit

= 60/Normalleistung je Stunde (Normalstunde)

= 1/Normalleistung je Stunde (Dezimalstunde)

Minutenfaktor

= Grundlohn (Akkordsatz)/60 (Minuten) (Normalstunde)

= Grundlohn (Akkordsatz)/100 (Minuten) (Dezimalstunde)

Zeitakkord (Bruttoverdienst)

= Leistungsmenge ∗ Vorgabezeit ∗ Minutenfaktor

vom Bruttolohn zum auszuzahlenden Lohn

	Grundlohn (Zeitlohn, Leistungslohn)
+	Zuschläge (z.B. Überstunden, Nachtarbeit)
+	Prämien
+	Zulagen (Schmutz, Lärm, Gefahr)
+	Vermögenswirksame Leistungen des Arbeitgebers
=	Bruttolohn (Bruttoarbeitsentgelt)
-	Lohnsteuer
-	Solidaritätszuschlag
-	Kirchensteuer (8 bzw. 9% der Lohnsteuer)
-	Sozialversicherungsbeiträge
	Nettolohn
-	gesamte vermögenswirksame Leistungen
-	sonstige Abzüge (z.B. Pfändungen)
=	auszuzahlender Lohn

Bilanzkennzahlen und Jahresabschlusskennzahlen

Eigenkapitalrentabilität (Unternehmerrentabilität)

$$= \frac{\text{Gewinn}}{\text{Eigenkapital}} * 100$$

oder

$$= \frac{\text{bereinigter Jahresgewinn}}{\text{Eigenkapital}} * 100$$

Gesamtkapitalrentabilität (Unternehmungsrentabilität)

$$= \frac{\text{Gewinn} + \text{Fremdkapitalzinsen}}{\text{Gesamtkapital}} * 100$$

oder

$$= \frac{\text{bereinigter Jahresgewinn} + \text{Fremdkapitalzinsen}}{\text{Gesamtkapital}} * 100$$

Umsatzrentabilität

$$= \frac{\text{Gewinn}}{\text{Umsatzerlöse}} * 100$$

oder

$$= \frac{\text{bereinigter Jahresgewinn}}{\text{Umsatzerlöse}} * 100$$

Umschlagshäufigkeit Eigenkapital $= \frac{\text{Umsatzerlöse}}{\text{Eigenkapital}}$

Umschlagshäufigkeit Gesamtkapital $= \frac{\text{Umsatzerlöse}}{\text{Gesamtkapital}}$

Die Formelsammlung

$$\text{Ø Kapitalumschlagsdauer} = \frac{360}{\text{Kapitalumschlagshäufigkeit}}$$

$$\text{Umschlagshäufigkeit Forderungen} = \frac{\text{Umsätze}}{\text{Forderungsbestand}}$$

$$\text{Ø Kreditdauer} = \frac{360}{\text{Umschlaghäufigkeit der Foderungen}}$$

Cash-flow

Jahresüberschuss
+ Abschreibungen auf Anlagen
+ Zuführungen zu langfristigen Rückstellungen

$$\text{Cashflow - Umsatzverdienstrate} = \frac{\text{Cashflow}}{\text{Umsatzerlöse}} * 100$$

$$\text{Liquidität 1. Grades} = \frac{\text{flüssige Mittel}}{\text{kurzfristiges Fremdkapital}} * 100$$

$$\text{Liquidität 2. Grades} = \frac{\text{flüssige Mittel+Forderungen}}{\text{kurzfristiges Fremdkapital}} * 100$$

$$\text{Liquidität 3. Grades} = \frac{\text{Umlaufvermögen}}{\text{kurzfristiges Fremdkapital}} * 100$$

$$\text{Deckungsgrad I} = \frac{\text{Eigenkapital}}{\text{Anlagevermögen}} * 100$$

$$\text{Deckungsgrad II} = \frac{\text{Eigenkapital+langfristiges Fremdkapital}}{\text{Anlagevermögen}} * 100$$

$$\text{Anlagenintensität (Anlagenquote)} = \frac{\text{Anlagevermögen}}{\text{Gesamtvermögen}} * 100$$

$$\text{Umlaufintensität (Quote d. UV)} = \frac{\text{Umlaufvermögen}}{\text{Gesamtvermögen}} * 100$$

$$\text{Vorratsquote} = \frac{\text{Vorräte}}{\text{Gesamtvermögen}} * 100$$

Forderungsquote $= \dfrac{\text{Forderungen}}{\text{Gesamtvermögen}} * 100$

Eigenkapitalquote $= \dfrac{\text{Eigenkapital}}{\text{Gesamtkapital}} * 100$

Fremdkapitalquote $= \dfrac{\text{Fremdkapital}}{\text{Gesamtkapital}} * 100$

Verschuldungsgrad $= \dfrac{\text{Fremdkapital}}{\text{Eigenkapital}} * 100$

Grad der Selbstfinanzierung $= \dfrac{\text{Gewinnrücklagen}}{\text{Gesamtkapital}} * 100$

Konstitution $= \dfrac{\text{Anlagevermögen}}{\text{Umlaufvermögen}} * 100$

Intensität der flüssigen Mittel $= \dfrac{\text{flüssige Mittel}}{\text{Gesamtvermögen}} * 100$

Anteil des langfristigen Fremdkapitals $= \dfrac{\text{lfr.Fremdkapital}}{\text{Gesamtkapital}} * 100$

Anteil des kurzfristigen Fremdkapitals $= \dfrac{\text{kfr.Fremdkapital}}{\text{Gesamtkapital}} * 100$

Absatz und Marketing

Marktsättigung $= \frac{\text{Marktvolumen}}{\text{Marktpotential}} * 100$

Absoluter Marktanteil $= \frac{\text{Absatzvolumen}}{\text{Marktvolumen}} * 100$

Relativer Marktanteil $= \frac{\text{eigenes Absatzvolumen}}{\text{Marktvolumen des Marktführers}} * 100$

Elastizität der Nachfrage $= \frac{\text{Mengenänderung in \%}}{\text{Preisänderung in \%}}$

Werbeerfolg (Werbegewinn)

$= \bigl(\text{Umsatz (nach Werbung)} - \text{Umsatz (vor Werbung)}\bigr)$
$\quad - \text{Kosten Werbung}$

Werberendite $= \frac{\text{Umsatzzuwachs}}{\text{Werbekosten}} * 100$

Der Begriff Werbekosten bezieht sich i.a. auf die Kosten einer speziellen Werbeaktion oder auf den Werbekostenzuwachs

Werbeintensität $= \frac{\text{Werbeaufwand}}{\text{Produkterlöse}} * 100$

Werbewirtschaftlichkeit $= \frac{\text{Umsatz eines Produkts}}{\text{Kosten einer Werbemaßnahme}} * 100$

Berührungserfolg (Attention)

$= \frac{\text{Zahl der von der Werbung Berührten}}{\text{Zahl der Umworbenen (Zielgruppe)}} * 100$

Interesseweckungserfolg (Interest)

$$= \frac{\text{Zahl der am Produkt Interessierten}}{\text{Zielgruppe}} * 100$$

Beeindruckungserfolg (Desire)

$$= \frac{\text{Zahl derer, die sich das Produkt wünschen}}{\text{Zielgruppe}} * 100$$

Erfüllungserfolg (Action) $= \dfrac{\text{Zahl derer, die das Produkt zusätzlich kaufen}}{\text{Zielgruppe}} * 100$

Vertriebskennzahlen

Anzahl Kundenbesuche/Tag

Anzahl Aufträge/Tag

Kosten je Kundenbesuch

Kosten/Außendienstmitarbeiter

Anteile der Neukunden/Monat

Anzahl der Reklamationen

Ø Auftragswert $= \dfrac{\text{Gesamtauftragswert}}{\text{Anzahl der Aufträge}}$

Tausenderpreis $= \dfrac{\text{Kosten des Werbemediums}}{\text{Anzahl der erreichten Personen}} * 1000$

Die Formelsammlung

Finanzierung und Investition

Kalkulatorische Abschreibung

$$= \frac{Wiederbeschaffungskosten}{betriebsgewöhnliche\ Nutzungsdauer}\ (linear)$$

betriebsnotwendiges Kapital

```
  betriebsnotwendiges Anlagevermögen
+ betriebsnotwendiges Umlaufvermögen
= Betriebsnotwendiges Vermögen
- Abzugskapital
= betriebsnotwendiges Kapital
```

Kalkulatorische Zinsen (für den Gesamtbetrieb)

= betriebsnotwendiges Kapital * kalkulatorischer Zinssatz

Kalkulatorische Zinsen eines bestimmten Anlageguts werden je nach Aufgabe entweder von Ø Anschaffungskosten oder von Ø Wiederbeschaffungskosten berechnet:

$$\frac{Wiederbeschaffungskosten/2\ *\ kalkulatorischer\ Zinssatz}{100}$$

oder

$$\frac{Anschaffungskosten/2\ *\ kalkulatorischer\ Zinssatz}{100}$$

Kapitalbedarf Anlagevermögen = Anschaffungskosten

Kapitalbedarf Umlaufvermögen = Tagesbedarf $*$ Kapitalbindungsdauer

Kostenvergleichsrechnung (Kritische Menge)

$$= \frac{Kf\ (\text{Anlage 2}) - Kf\ (\text{Anlage 1})}{Kv\ (\text{Anlage 1}) - Kv\ (\text{Anlage 2})}$$

Kapitalrückflusszeit (Amortisationsdauer)

$$= \frac{\text{Kapitaleinsatz}}{\text{Jahresgewinn} + \text{kalk. Abschreibungen}}$$

oder

$$= \frac{\text{Kapitaleinsatz} - \text{Liquiditationserlös}}{\text{Jahresgewinn} + \text{kalk. Abschreibungen}}$$

Rentabilität (A) $= \frac{\text{Gewinn}}{\text{eingesetztes Kapital}/2} * 100$

Rentabilität (B) $= \frac{\text{Gewinn} + \text{kalkulatorische Zinsen}}{\text{eingesetztes Kapital}/2} * 100$

Rentabilität (C) $= \frac{\emptyset\ \text{Gewinn} + \text{kalkulatorische Zinsen}}{\text{Anschaffungskosten} + \text{Liquiditationserlös}} * 100$

Die Formelsammlung

Bilanzaufbau und Buchungen

Inventur → Inventar → Bilanz: Zusammenhang

Inventur   *führt zu* **Inventar**   *führt zu* **Bilanz**
(=Tätigkeit)   (=Liste)   (Aufstellung in Form
                                            einer Waage)

Bilanz: Aufbau

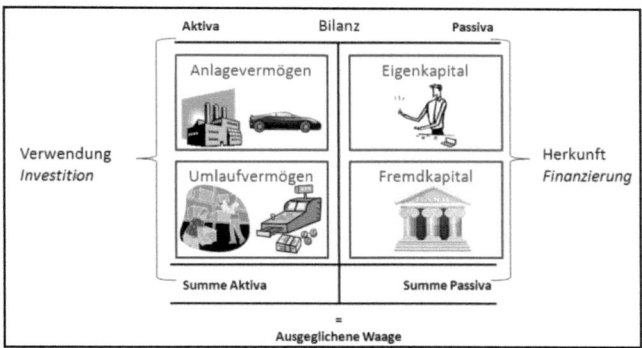

Links = Aktiva = Mittelverwendung: Worin sind unsere Mittel angelegt? Anlage- und Umlaufvermögen

Rechts = Passiva = Mittelherkunft: Woher stammen unsere Mittel? Eigen- und Fremdkapital

Bilanz: Beispiel

Aktiva		Beispielbilanz	Passiva
I. Anlagevermögen		**I. Eigenkapital**	
Grundstücke und Gebäude	280.000	Eigenkapital	300.000
Maschinen	220.000		
Fuhrpark	150.000	**II. Fremdkapital (Schulden)**	
		Hypothekenschulden	400.000
II. Umlaufvermögen		Darlehensschulden	250.000
Roh-, Hilfs-, Betriebsstoffe (RHB)	120.000	kurzfristige Verbindlichkeiten	50.000
Forderungen aus Lieferungen und Leistungen	130.000		
Bankguthaben	80.000		
Kasse	20.000		
	1.000.000		1.000.000

Wertbewegungen

Aktivtausch   Passivtausch

Aktiv-Passiv-Mehrung   Aktiv-Passiv-Minderung

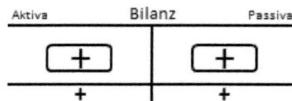   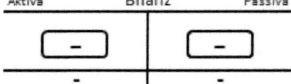

Die Formelsammlung

Buchungen auf Kontenarten

Soll	**Aktivkonten**	Haben		Soll	**Passivkonten**	Haben
Anfangsbestand		Abgänge			Abgänge	Anfangsbestand
Zugänge		Schlussbestand			Schlussbestand	Zugänge

Soll	**Aufwandskonten**	Haben		Soll	**Ertragskonten**	Haben
Aufwendungen		Korrekturen			Korrekturen	Erträge

Soll ☹	GuV	☺ Haben
Sammlung aller Aufwendungen		Sammlung aller Erträge
Saldo ☺		Saldo ☹
[Summe]		[Summe]

Saldo im Soll bedeutet: mehr Erträge als Aufwendungen → **Gewinn!**

Saldo im Haben bedeutet: mehr Aufwendungen als Erträge → **Verlust!**

- Wenn Erträge > Aufwendungen → Saldo im Soll → Gewinn ☺

Buchungssatz bei Gewinn: ***GuV an Eigenkapital***

- Wenn Aufwendungen > Erträge → Saldo im Haben → Verlust ☹

Buchungssatz bei Verlust: ***Eigenkapital an GuV***

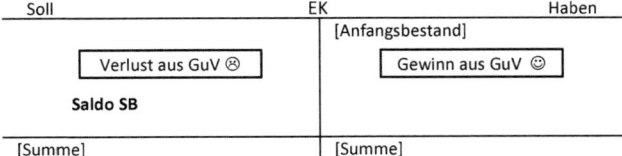

Soll	EK	Haben
	[Anfangsbestand]	
Verlust aus GuV ☹		Gewinn aus GuV ☺
Saldo SB		
[Summe]		[Summe]

Gewinn erhöht das Eigenkapital im Haben, Verlust verringert das Eigenkapital im Soll. Das Eigenkapitalkonto ist ein Bestandskonto und wird mit dem Saldo im Soll auf die Schlussbilanz abgeschlossen.

Volkswirtschaftslehre bzw. Allgemeine Wirtschaftslehre

vom Bruttoeinkommen zum Realeinkommen

	Bruttoeinkommen
−	direkte Steuern und Sozialabgaben
=	Nettoeinkommen
+	Transfereinkommen
=	verfügbares Einkommen
+/−	Preisveränderungen im Warenkorb
=	Realeinkommen

Bruttoinlandsprodukt (Entstehungsrechnung)

	Produktionswert
−	Vorleistungen
=	Bruttowertschöpfung (unbereinigt)
−	unterstellte Bankgebühr
=	Bruttowertschöpfung (bereinigt)
+	Gütersteuern
−	Gütersubventionen
=	Bruttoinlandsprodukt

Bruttoinlandsprodukt (Verwendungsrechnung)

```
  private Konsumausgaben
+ Konsumausgaben des Staates
+ Ausrüstungsinvestitionen
+ Bauinvestitionen
+ sonstige Anlagen
+ Vorratsveränderungen und Nettozugänge an
  Wertsachen
+ Exporte
- Importe
= Bruttoinlandsprodukt
```

Nettonationaleinkommen (Primäreinkommen)

```
  Bruttoinlandsprodukt
+ Saldo der Primäreinkommen aus der übrigen Welt
= Bruttonationaleinkommen
- Abschreibungen
= Nettonationaleinkommen
```

Bruttoinlandsprodukt (Verteilungsrechnung)

```
  Nettonationaleinkommen
- Produktions- und Importabgaben an den Staat
+ Subventionen vom Staat
= Volkseinkommen
- Arbeitnehmerentgelt
= Unternehmens- und Vermögenseinkommen
```

Lohnquote $= \dfrac{\text{Arbeitseinkommen}}{\text{Volkseinkommen}} * 100$

Gewinnquote $= \dfrac{\text{Gewinn+Vermögenseinkommen}}{\text{Volkseinkommen}} * 100$

Büromanagement

Konsumquote = $\dfrac{\text{Konsumausgaben}}{\text{verfügbares Einkommen}} * 100$

Sparquote = $\dfrac{\text{Sparvolumen}}{\text{verfügbares Einkommen}} * 100$

Staatsquote = $\dfrac{\text{Ausgaben des Staates}}{\text{BIP}} * 100$

Defizitquote = $\dfrac{\text{Nettoneuverschuldung}}{\text{BIP}} * 100$

Schuldenquote = $\dfrac{\text{Summe der Staatsschulden}}{\text{BIP}} * 100$

Preiselastizität der Nachfrage

$= \dfrac{\text{Änderung der Nachfragemenge in \%}}{\text{Änderung der Preise in \%}}$

Preiselastizität des Angebots

$= \dfrac{\text{Änderung der Nachfragemenge in \%}}{\text{Änderung des verfügbaren Einkommens}}$

Preissteigerungsrate

$= \dfrac{\text{Ausgaben für Warenkorb des Berichtsjahres}}{\text{Ausgaben für Warenkorb des Basisjahres}} * 100 - 100$

Erwerbsquote = $\dfrac{\text{Erwerbspersonen}}{\text{Wohnbevölkerung}} * 100$

Erwerbslosenquote = $\dfrac{\text{Erwerbslose}}{\text{Erwerbspersonen}} * 100$

A

Abschreibung 22
Absoluter Marktanteil 35
AfA-Betrag degressiv 22
AfA-Betrag linear 22
AfA-Satz degressiv (in%) 22
AfA-Satz linear (in %) 22
Akkordrichtsatz 30
Amortisationsdauer 38
Anlagedauer 11
Anlagenintensität (Anlagenquote) 33
Anteil des kurzfristigen Fremdkapitals 34
Anteil des langfristigen Fremdkapitals 34
Äquivalenzziffern 17
Arbeitsmengenproduktivität 29
Arbeitsproduktivität 23, 29
Auftragswert 36
Ausführungszeit 25

B

Beeindruckungserfolg (Desire) 36
Berührungserfolg (Attention) 35
Beschäftigungsabweichung 20
Beschäftigungsgrad 18, 21
Betriebsergebnis 15, 18, 19
betriebsnotwendiges Kapital 37
Bilanz
    Aufbau 39
    Beispiel 40
Bruttobedarf 27
Bruttoeinkommen zum Realeinkommen 42

Bruttoinlandsprodukt (Entstehungsrechnung) 42
Bruttoinlandsprodukt (Verteilungsrechnung) 43
Bruttoinlandsprodukt (Verwendungsrechnung) 43
Bruttopersonalbedarf 29
Buchungen auf Kontenarten 41

C

Cash-flow 33
Cashflow - Umsatzverdienstrate 33

D

Deckungsbeitrag 18
Deckungsbeitrag I 19
Deckungsbeitrag II 19
Deckungsbeitrag III 19
Deckungsgrad I 33
Deckungsgrad II 33
Defizitquote 44
Disponierbarer Bestand 27
Divisionskalkulation 17
Divisionskalkulation mit Äquivalenzziffern 17
Dreisatz 7
Durchlaufzeit 25
durchschnittliche Lagerdauer 26
durchschnittlicher Lagerbestand 26

E

Effektivverzinsung 28
Eigenkapitalquote 34
Eigenkapitalrentabilität 32
Einfacher Dreisatz 7
Elastizität der Nachfrage 35

Erfüllungserfolg (Action) 36
Erwerbslosenquote 44
Erwerbsquote 44

F

Fehlzeitenquote 30
Fertigungsgemeinkostenzuschlagssatz 12
Fluktuationsquote 30
Forderungsquote 34
Freier Puffer 24
Fremdkapitalquote 34
Frühestes Ende 24

G

Gehaltsquote 30
Geldakkord 31
Gesamtabweichung 20
Gesamtkapitalrentabilität 32
Gesamtpuffer 24
Gewinnquote 43
Gewinnschwelle 18
Grad der Selbstfinanzierung 34
Grundwert 9, 10

H

Handelskalkulation 14
Höchstbestand 27

I

Imn-Prozesskostensatz (Umlagesatz) 21
Intensität der flüssigen Mittel 34

Interesseweckungserfolg (Interest) 36
Inventur → Inventar → Bilanz 39

K

Kalkulatorische Abschreibung 37
Kalkulatorische Zinsen (Gesamtbetrieb) 37
Kapital 11
Kapitalbedarf Anlagevermögen 38
Kapitalbedarf Umlaufvermögen 38
Kapitalproduktivität 23
Kapitalrückflusszeit 38
Kapitalumschlagsdauer 33
Konstitution 34
Konsumquote 44
Kosten 18
Kostenträgerstückrechnung 13
Kostenträgerstückrechnung mit Maschinenstundensatz 16
Kostenträgerzeitrechnung 15
Kostenüberdeckung 15
Kostenunterdeckung 15
Kostenvergleichsrechnung 38
Krankheitsquote 30
Kreditdauer 33
Kritische Menge 38
Kritische Menge (Eigenfertigung – Fremdbezug) 25

L

Lagerhaltungskostensatz 26
Lagerkostensatz 26
Lagerreichweite 26
Lagerumschlagshäufigkeit 26
Lagerzinsen 26

Lagerzinssatz 26
Leistungsabschreibung 22
Leistungsgrad in % 30
Liquidität 1. Grades 33
Liquidität 2. Grades 33
Liquidität 3. Grades 33
Lohnquote 30, 43

M

Marktsättigung 35
Maschinenabhängige Fertigungsgemeinkosten pro Jahr 16
Maschinenstundensatz 15
Materialgemeinkostenzuschlagssatz 12
Materialproduktivität (Ausbeute) 23
Meldebestand 26
Mindestbestand (Sicherheitsbestand) 27
Minutenfaktor 31

N

Nettobedarf 27
Nettonationaleinkommen 43
Nettopersonalbedarf 29
Netzplan 24
Netzplan Beispielskizze 24

O

Optimale Bestellhäufigkeit 28
Optimale Bestellmenge 28
Optimale Losgröße 23
Optimaler Wechselzeitpunkt 22

P

Personalbedarf 29
Personalkostenintensität 30
Plankostenrechnung 20
Plankostenverrechnungssätze 20
Preiselastizität der Nachfrage 44
Preiselastizität des Angebots 44
Preissteigerungsrate 44
Preisuntergrenze 19
Produktivität 12
Prozentrechnen 9
Prozentrechnen auf hundert 10
Prozentrechnen Beispiele 9
Prozentrechnen Grundlagen 9
Prozentrechnen in hundert 10
Prozentrechnen von hundert 9
Prozentsatz 9, 10
Prozentwert 9, 10
Prozesskostensatz 21

R

Relativer db 19
Relativer Marktanteil 35
Rentabilität 12, 38
Restgemeinkostenzuschlagssatz 16
Rüstzeit 25

S

Schuldenquote 44
Sollkosten 20
Sollzeit 30
Sparquote 44

Spätester Anfang 24
Staatsquote 44
Stücklohnsatz 31

T

Tausenderpreis 36

U

Überstundenquote 30
Umgekehrter Dreisatz 8
Umlaufintensität 33
Umsatz 18
Umsatzrentabilität 32
Umschlagshäufigkeit 32, 33
Unternehmerrentabilität 32
Unternehmungsrentabilität 32

V

Variator 20
Veränderungszeit 25
Verbrauchsabweichung 20
Verfügbarer Lagerbestand 27
Verrechnete (kalk.) Plankosten 20
Verschuldungsgrad 34
Vertriebsgemeinkostenzuschlagssatz 12
Vertriebskennzahlen 36
Verwaltungsgemeinkostenzuschlagssatz 12
Vorgabezeit 25, 31
Vorratsquote 33

W

Währungsrechnen 11
   Euro zu Fremdwährung 11
   Fremdwährung zu Euro 11
Werbeerfolg (Werbegewinn) 35
Werbeintensität 35
Werberendite 35
Werbewirtschaftlichkeit 35
Wertbewegungen 40
Wirtschaftlichkeit 12

Z

Zeitakkord (Bruttoverdienst) 31
Zeitgrad in % 30
Zeitlohn (Bruttoverdienst) 30
Zeitprozentsatz 28
Zinsen 11, 27
Zinsrechnen 11
Zinssatz 11
Zuschlagskalkulation 13